BEI GRIN MACHT SICH IHR WISSEN BEZAHLT

AF138458

- Wir veröffentlichen Ihre Hausarbeit,
  Bachelor- und Masterarbeit

- Ihr eigenes eBook und Buch -
  weltweit in allen wichtigen Shops

- Verdienen Sie an jedem Verkauf

Jetzt bei www.GRIN.com hochladen und kostenlos publizieren

GRIN ☺

Strategische Unternehmensführung. Strategischer Wandel bei der Gesundheits- und Medizintechnik AG

Kristina Damm

Bibliografische Information der Deutschen Nationalbibliothek:

Die Deutsche Nationalbibliothek verzeichnet diese Publikation in der Deutschen Nationalbibliografie; detaillierte bibliografische Daten sind im Internet über http://dnb.d-nb.de abrufbar.

ISBN: 9783346616685
Dieses Buch ist auch als E-Book erhältlich.

© GRIN Publishing GmbH
Nymphenburger Straße 86
80636 München

Druck und Bindung: Books on Demand GmbH, Norderstedt Germany
Gedruckt auf säurefreiem Papier aus verantwortungsvollen Quellen

Das Buch bei GRIN: https://www.grin.com/document/1184780

Deutsche Hochschule für
Prävention und Gesundheitsmanagement
Hermann-Neuberger-Sportschule 3
66123 Saarbrücken

Hausarbeit

Name, Vorname	Damm, Kristina
Studiengang	MPGM
Studienmodul	Strategische Unternehmensführung II
Datum Präsenzphase (siehe Ergebnisdokumentation)	06.12.-08.12.2021
Aufgabe	Bearbeitung der Fragestellungen 1 - 5

Inhaltsverzeichnis

1 Bodo Müllers Plan

Für die Gesundheits- und Medizintechnik AG ist Bodo Müller als Marketing Direktor im Vertrieb tätig. Die Gesundheits- und Medizintechnik AG zählt weltweit zu den bedeutendsten und größten Liferanten der Gesundheitsindustrie und ist in sieben unabhängige Unternehmenseinheiten unterteilt. Jede Einheit übernimmt eine individuelle Ergebnisverantwortung und organisiert die Produktion, die Entwicklung und das Marketing einer einzelnen Produktlinie (beispielsweise Ultraschallgeräte, Medizin IT Systeme, Zubehör). Auf Grund des sich ändernden Markt- und Kundenverhaltens sah Bodo Müller dringenden Handlungsbedarf in Bezug auf die Marktstrategie und somit die Möglichkeit einen Wandel im Unternehmen zu initiieren.

1.1 Gründe für den Wandel

Die wesentlichen Entscheidungsträger waren bis vor ein paar Jahren die Krankenhausärzte. Diese initiierten und führten den Einkauf medizinischer Geräte durch.

Heutzutage nimmt die Krankenhausadministration und die Einkaufsabteilung an Einfluss zu. Dies hat zur Folge, dass diese Abteilungen in ihren Kaufentscheidungen vor allem ökonomische Gründe berücksichtigen.

Aus diesem Grund war Bodo Müller überzeugt, dass eine Anpassung an die Herausforderungen und Bedürfnisse des C-Levels (beispielsweise CEO, CFO, CIO) über das Marketing und den Verkauf erfolgen sollte.

Dass die Gesundheits- und Medizintechnik AG als ingenieur- technologieorient wahrgenommen wird, stellt einen weiteren Grund dar. In der Vergangenheit erfolgte die Kaufentscheidung durch die Krankenhausärzte. Dies stellte eine ideale Außenwirkung dar. Mit der Verlagerung der Kaufentscheidung stieg die Relevanz ganzheitlicher Lösungsansätze, mit welchen die Effizient im Krankenhaus ebenfalls gesteigert werden sollte.

Des Weiteren wirkt die Politik einer möglichen Erhöhung der Gesundheitsausgaben entgegen. Die niedrige staatliche Finanzierung sorgt dafür, dass Krankenhäuser bestehende Geräte instand halten und auf Investitionen in neue Geräte verzichten.

1.2   Aspekte des Strategiewandels

Bodo Müller war der Ansicht, dass der Verkauf und das Marketing zukünftig an die Herausforderungen und Bedürfnisse des sogenannten „C-Levels" angepasst werden sollten.
Die Gesundheits- und Medizintechnik AG ist, wie eingangs erwähnt, in sieben voneinan-
der unabhängige Unternehmenseinheiten untergiedert. Jede Einheit besteht aus einem
Marketing-Team. Diesem steht wiederum ein Abteilungsleiter des VP (Vizepräsident)-
Marketing vor. Das C-Level Marketing muss alle Produktlinien umfassen und ist somit
nicht für jede einzelne Unternehmenseinheit umsetzbar.

Bodo Müller nutzte das vierteljährliche Marketing Board, um die (alle) Anwesenden Marketing VPs für seine neue Strategie zu sensibilisieren und zu überzeugen. Er präsentierte
ihnen die Fakten graphisch und tabellarisch. Zudem veranschaulichte er die aufkommen-
den Herausforderungen der C-Level Kunden und machte deutlich, dass es der
derzeitigen Strategie an Informationen und Zusatznutzen fehlte.

Um die Umsetzung der Strategie voranzutreiben initiierte Bodo Müller ein geschäftsüber-
greifendes Projekt. Dieses sollte Ideen für das C-Level Marketing in Deutschland entwickeln und diese entsprechend eingesetzt werden. Bodo Müller erhoffte sich, bei der Vor-
stellung seiner Idee, die Unterstützung aller Unternehmenseinheiten.

Des Weiteren gründete Bodo Müller eine Arbeitsgruppe. Diese umfasste Vertreter aller
Unternehmenseinheiten der Arbeitsebene. Bodo Müller lud diese zu einem Kick-off-
Meeting ein.

1.3   Barrieren und Widerstände

Widerstände seitens der Mitarbeiter stellen einen der häufigsten Gründe für das Scheitern
des Wandels dar (Lauer, 2019, S. 50). Auch in Bodo Müllers initiiertem Wandel könnten
Barierren und Widerstände aufkommen. Im Folgenden werden mögliche Widerstände er-
läutert.

1. Unterschiedliche Betrachtungsweise

Für einen Wandel dienen Führungskräfte als Treiber (Lauer, 2019, S. 50).

Trotz Bodo Müllers gut verständlicher Präsentation könnten Führungskräfte aufgrund der
derzeitig guten wirtschaftlichen Lage der Meinung sein, dass andere Themen priorisiert
werden müssen und generell nichts verändert werden muss.

Das Scheitern kann dadurch eingeleitet werden, dass die Führungskräfte nicht hinter dem Vorhaben stehen und die Mitarbeiter somit nicht motiviert werden.

2. Veränderung: Angst der Machtopponenten

Machopponenten stellen das Spezialgebiet des Mittel-und Top-Managements dar (Lauer, 2019, S. 56). Führungskräfte könnten eine, durch den Wandel hervorgebrachte Strukturänderung fürchten, da diese zum Entzug von Verantwortung oder einer Degradierung führen könnte. Die Angst vor Statusverlusst mit einhergehendem Einflussverlust kann dazu führen, dass es zu Widerständen gegenüber neuen Ideen und Veränderungen kommt.

3. Veränderung: Angst der Fachopponenten

Fachopponenten finden sich auf der Mitarbeiter- und unteren Führungsebene wieder (Lauer, 2019, S. 56). Die neue Strategie kann Anforderungen mit sich bringen, denen die Fachopponenten nicht gewachsen sind. Es können Ängste entstehen, beispielsweise die Angst überfordert zu sein. Zusätzlich wird in routinierte Abläufe eingegriffen, weshalb Widerstände seitens der Fachopponenten zu erwarten sind.

4. Lustlosigkeit

Sie stellt eine nonverbale Ausdrucksform dar und ist mit Passivität kombiniert. Zudem ist sie am wenigsten sichtbar (Lauer, 2019, S. 56). Bereits im angesetzten Kick-off-Meetingn konnte ein gewisser Grad an Lustlosigkeit festgestellt werden. Nur die Hälfte der kontaktierten und eingeladenen Personen war erschienen, Anwesende schienen ungerne am Meeting teilzunehmen. Dementsprechen scheinen die Mitarbeiter kein Bestreben hinsichtlich potenzieller Veränderungen zu haben.

2 Change Management

Beim Change Management steht die optimale Steuerung des Unternehmenswandels im Vordergrund. Zudem wird insbesondere der Faktor Mensch berücksichtigt. Um diesen Wandel umsetzten zu können, ist eine aktive Unterstützung aller Mitarbeiter nötig. Der Unternehmensalltag wandelt sich durch die sich stetig wandelnde Umwelt (beispielsweise durch die Globalisierung, den Klimawandel oder die Digitalisierung). Des Weiteren kommt das Change Management bei beispielsweise Fusionen oder Unternehmensübernahmen zum Einsatz. Der Fokus liegt dabei immer auf dem optimalen Weg zum Zielzustand (Lauer, 2019, S. 3-6).

2.1 Gründe für Scheitern

Ein Jahrzehnt hat Kotter (2007, S. 2) die Umgestaltung von über 100 Unternehmen beobachtet. Einige Veränderungen konnten erfolgreich umgesetzt werden, andere wiederum scheiterten. Es konnte abgeleitet werden, dass die erfolgreichen Fälle einen Veränderungsprozess durchlaufen. Dieser ist in Phasen gegliedert und nimmt eine geraume Zeit in Anspruch. Eine Prozessbeschleunigung, in der einzelne Schritte übersprungen wurden, führte nie zu zufriedenstellenden Ergebnissen. Beruhend auf seinen Ergebnissen, entwickelte Kotter das Acht-Stufen-Modell. Dieses stellt acht Einflussfaktoren des Scheiterns dar (Kotter, 2007, S. 1).

Tab. 1: Acht-Stufen-Modell nach Kotter (Reisinger, Gattringer & Strehl, 2013, S. 190)

Gründe für das Scheitern	
Stufe 1	Zu viel Selbstgefälligkeit
Stufe 2	Fehlen einer ausreichend starken Erneuerungs- und Führungskoalition
Stufe 3	Die Kraft der Vision wird unterschätzt
Stufe 4	Mangelnde Komunikation der Vision
Stufe 5	Zulassen, dass Hindernisse die neue Vision blockieren
Stufe 6	Unfähigkeit, schnelle Erfolge zu erzielen
Stufe 7	Den Sieg zu früh erklären
Stufe 8	Kultur bleibt unverändert

In Bodo Müllers Fall konnte sein Plan nicht seinen Vorstellungen entsprechend umgesetzt werden. Der Wandel ist somit gescheitert. Nachfolgend sollen vier zutreffende Gründe des Scheiterns näher beleuchtet werden.

1. Grund – zu viel Selbstgefälligkeit
Trotz seiner auf Zahlen und Fakten gestützen Präsentation, war es Bodo Müller beim Marketing-Board misslungen, die Notwendigkeit des Wandels hervorzubringen. Durch die gute wirtschaftliche Lage der Gesundheits- und Medizintechnik AG, ihrem sehr guten Ruf, ihrer breiten Kundenbasis und guten Kundenbeziehungen, sahen die Marketing VPs

keine Notwendigkeit für Veränderungen. Aus diesem Grund waren sie nicht bereit ein Budget für eine neue Marketingstrategie einzuräumen.

2. Grund – Fehlen einer ausreichend starken Erneuerungs- und Führungskoalition

Bodo Müller war es nicht gelungen eine annehmbar starke Erneuerungs- und Führungs-koalition auf- und auszubauen.

Trotz der organisierten Arbeitsgruppe (Vertreter aller Unternehmenseinheiten), wurde dabei ausschließlich die Arbeitsebene, allerdings nicht die Führungsebene berücksichtigt. Für einen Wandel ist es jedoch unumgänglich, die Führungskräfte miteinzubeziehen. Diese sollen als aktive Unterstützer fungieren. Senior Manager formen weiterhin den Kern einer Gruppe (Kotter, 2007, S. 5). Bei den Marketing VPs schien Bodo Müllers Idee belanglos zu sein. Diese fungierten nicht als Unterstützer und konnten infolgedessen ihre Mitarbeiter nicht für den Wandel motivieren. Das ist einer der Gründe, weshalb die Mit-arbeiter zur Arbeitsgruppe nur ungern oder gar nicht erschienen waren.

3. Grund – Unterschätzung der Kraft der Vision

Eine Vision soll richtungsweisend für ein Unternehemen sein (Kotter, 2007, S. 5). Beim Marketing-Board bezog sich Bodo Müller, auf sachlicher Ebene auf überzeugende und klare Zahlen sowie Fakten. Eine entsprechende Zielvorstellung mit einer entsprechende Strategie hat er allerdings außer Acht gelassen. Somit ist die Präsentation verständlich gewesen, jedoch minderte sich seine Überzeugungskraft durch die fehlende Vision.

4. Grund – Mangelnde Kommunikation der Vision

Bodo Müller formulierte keine Vision oder Strategie. Dementsprechende konnte er diese nicht kommunizieren. Die fehlende Kommunikation minderte das Verständnis der Mar-keting VPs und deren Akzeptanz für das Vorhaben.

2.2 Veränderungen Meistern

Lösungsansätze, die zu einem erfolgreichen Wandel führen, zeigt Kotter (2007, S. 4) ebenfalls auf. Es handelt sich hierbei um insgesamt acht „Beschleuniger" (Kotter, 2007, S. 4).

1. Das Gefühl der Dringlichkeit wecken:

Die Dringlichkeit für den Wandel hätte Bodo Müller in seiner Präsentation mehr hervorbringen müssen. Für die Umsetzung wäre eine Analyse der Wettbewerbssituation des Unternehmens notwendig gewesen, die er hätte ebenfalls vorstellen müssen. Vor allem hätte er dabei auf mögliche Chancen dieser Branche eingehen sollen. Die Dringlichkeit des Strategiewechsels wäre durch das Aufzeigen möglicher Erhöhungen des Marktanteils sowie des Umsatzes durch die neue Marketingstrategie deutlich geworden.

2. Ein starkes Leistungsteam zusammenstellen:

Das Zusammenstellen einer lenkenden Koalition wäre nötig gewesen, damit Bodo Müller seinen Wandel hätte vorantreiben können. Diese sollte aus Mitarbeitertn der Arbeitsebene, als auch Führungskräften bestehen.

Durch das Einbeziehen der Marketing VPs hätten die Mitarbeiter aktive Unterstützung erhalten. Zudem sollte das Top-Management ebenfalls in der Koalition vertreten sein. Dadurch verfügt die Koalition durch das Berücksichtigen der verschiedenen Unternehmenseinheiten und Hierarchietufen über mehr Informationen sowie Expertise, was sie gleichzeitig viel kraftvoller macht.

3. Eine klare Zielvorstellung und eine Strategie für die Veränderung entwickeln:

Eine Vision mit dazugehöriger Strategie ist für einen Wandel unumgänglich. Aufgrund dessen hätte Bodo Müller seine Vision klar formulieren müssen. Diese sollte das Zukunftsbild darstellen und die Mitarbeiter motivieren. Des Weiteren sollte die Vision leicht verständlich sein, damit alle Beteiligten diese leicht nachvollziehen und verinnerlichen können. Die Vision sollte in maximal fünf Minuten eine Reaktion von Interesse und Vertändnis hervorrufen (Kotter, 2007, S. 6). Darüber hinaus sollten Strategien entwickelt werden, die eine Schrittweise Realisierung der Vision ermöglichen.

4. Die Vision kommunizieren und für Verständnis und Akzeptanz sorgen:

Ein Wandel funktioniert nur dann, wenn die Mitarbeiter bereit sind mitzuarbeiten. Dementsprechend git es, die Vision und ihre Strategie richtig zu kommunizieren. Da Kommunikation durch Worte und taten erfolgt, müssen alle existierenden Möglichkeiten berücksichtigt werden (Kotter, 2007, S. 6). Die Vision und Strategien kann Bodo Müller beispielsweise über Meetings, das Intranet, Newsletter, mit Worten wiedergeben oder auch durch sein Auftreten wiederspiegeln.

Zusätzlich gilt es, eine Übereinstimmung der lenkenden Koalition herbeizuführen, damit neue Verhaltensweisen übernommen werden. Für Akzeptanz und Verständnis wird durch die Übereinstimmung beider Kommunikationsarten gesorgt. Veränderungen können untergraben werden, sobald Worte nicht mit dem Verhalten übereinstimmen (Kotter, 2007, S. 6).

5. Handungsfreiräume sichern und Hindernisse aus dem Weg räumen:

Sobald der Prozess erfolgreich voranschreitet werden viele Menschen miteinbezogen, da das Ergebnis besser ist, wenn mehr Menschen involviert werden (Kotter, 2007, S. 6). Bodo Müller hätte für Handlungsfreiräume der Marketing VPs und Mitarbeiter sorgen müssen, um diese für sich gewinnen zu können. Die Ermutingung Ansätze und Ideen zu entwickeln und den Wandel aktiv mitgestalten zu können kann zu einer motivierteren Umsetzung führen. Hier sollte nur eine Vorgabe gelten:

Die Aktionen müssen mir der vorab besprochenen Vision übereinstimmen (Kotter, 2007, S. 6-7). Es können immer wieder Hindernisse entstehen, die den Unternehmenswandel und die Vision gefährden. Deshalb ist es für Bodo Müller wichtig, diese frühzeitig zu erkennen und diese zu beseitigen. Um die Hindernisse zu Beseitigen ist eine Besprechung mit der leitenden Koalition über die weitere Verfahrensweise wichtig.

6. Für kurzfristige Erfolge sorgen:

Für den Erhalt der Motivation während des Unternehmenswandels, ist es wichtig, für kurzfristige Erfolge zu sorgen, indem kurzfristige Ziele gesetzt werden (Kotter, 2007, S. 7). Das angestrebte Ziel könnte in kleine Teilziele aufgeteilt werden. Durch den stretig sichtbaren Erfolg können Motivation und Produktivität gesteigert werden. Zudem können für bestimmte Teilziele beispielsweise Aktienanteile übertragen oder Prämien ausgezahlt werden.

7. Nicht nachlassen, weitere Veränderungen einleiten:

Um wettbewerbsfähig zu bleiben sind Veränderungen des Unternehmens unabdingbar. Es sollten regelmäßige Meetings einberufen werden, in denen Marketing VPs und Mitarbeiter auf Arbeitsebene ihre aktuellen Ergebnisse präsentieren. Das Aufzeigen erreichter Änderungen kann die Akzeptanz sowie Motivation für kommende Veränderungen steigern.

8. Eine neue Unternehmenskultur entwicklen und verändern:

Sobald der Druck für Veränderungen sinkt, kann es dazu kommen, dass sich alte Werte wieder etablieren (Kotter, 2007, S. 8).

Bodo Müller sollte auf die Leistungsverbesserung aufmerksam machen und zu verstehen geben, dass sich diese durch neue Vorgehensweisen, Verhaltensweisen und Einstellungen entwickelt hat. An dieser Stelle ist erneut die Kommunikation entscheidend. Die Mitarbeiter sollen die Verbindung verstehen und erkennen können. Des Weiteren können die Mitarbeiter die neuen Werte (durch ein Leitbild) verankern. Zudem sollten diese stetig ermutigt werden, sich auch in Zukunft anzupassen und nach Veränderungen zu streben.

3 Strategieimplementierung

„Implementing strategy is an action oriented, make-things-happen task that tests a manager's ability to direct organizational change, motivate people, develop core competencies, build valuable organizational capabilities, achieve continuous improvement in business processes, crate a strategy supportive culture, and meet or beat performance targets'' (Thompson & Strickland, 1998, S. 268). Der strategische Managementprozess bleibt ohne effiziente Strategieimplementierung erfolglos (diese wird als zentrale Phase angesehen) (Welge, Al-Laham & Eulerich, 2017, S. 813). Es werden zwei Phasen der Strategieimplementierung unterschieden:

1. Die Durchsetzungsphase
2. Die Umsetzungsphase (Welge, Al-Laham & Eulerich, 2017, S. 815-816).

Nachfolgend wird davon ausgegangen, dass die Marketing VPs und CEOs von Bodo Müllers Plan überzeugt werden konnten und die Strategie implementiert werden soll.

3.1 Durchsetzung

Ziel der Durchsetzungsphase ist das Erreichen einer Strategieakzeptanz durch verhaltensbezogene Aufgaben. In dieser Phase kommt es oftmals zu Konflikten, Widerständen oder Implementierungsbarrieren. Grund hierfür ist, dass eine Strategieimplementierung tiefgreifende Lern- und Wandlungsprozesse nach sich zieht. Die Durchsetzungsphase setzt sich aus drei Maßnahmen zusammen (Welge, Al-Laham & Eulerich, 2017, S. 827):

1. Vermittlung der Strategie

Um eine Strategie erfolgreich zu implementieren, ist die Kommunikation in Bezug auf die Strategie und deren Zielsetzung bedeutend groß. Die Marketing VPs und CEO konnte Bodo Müller bereits von seinem Plan überzeugen.

Jetzt gilt es, die Mitarbeiter zu überzeugen, da deren Mithilfe für einen Wandel benötigt wird. Ein Kick-off-Meeting bietet die beste Gelegenheit, die Vision, Strategien und Ziele sowie deren Änderungen vorzustellen. Im Vorfeld sollen mögliche Ängste der Mitarbeiter oder möglich aufkommende Barrieren sowie Widerstände durch offene Kommunikation beiseitegeschafft werden. Des Weiteren sollen Mitarbeiter ermutigt werden, Ideen und Ansätze zu entwickeln und diese einzubringen. Zudem soll eine konstruktive und offene Kommunikation ein aktives Auseinandersetzten der Beteiligten ermöglichen und größere Akzeptanz und Verständnis schaffen.

2. Einweisung und Schulung

Es ist möglich, dass eine Strategieänderung „Know-how-Defizite" mit sich führt und Beteiligte dadurch Schulungsbedarf haben (Welge, Al-Laham & Eulerich, 2017, S. 827). Bodo Müller versucht eine Strategie zu implementieren, welche sich an den Herausforderungen und Bedürfnissen des C-Levels ausrichtet. Allerdings ist das C-Level Marketing für die Gesundheits- und Medizintechnik AG neu. Die Betroffenen sollten aus diesem Grund zunächst Schulungen hinsichtlich des C-Level Marketings wahrnehmen. Des Weiteren möchte Bodo Müller für die Kunden effizientere und ganzheitlichere Lösungsansätze anbieten. Aus diesem Grund soll bei den Führungskräften und Mitarbeitern speziell das Einsparbewusstsein, das Kostenbewusstsein und das Verbesserungsbewusstsein herausgebildet werden.

3. Schaffung eines strategiebezogenen Konsenses

Tiefgreifende Implementierungsprozesse können durch die Änderung der Machtstrukturen Spannungen und Konflikte zwischen Beteiligten der selben oder anderen Hierachieebenen auslösen. Dies kann zu Durchsetzungskonflikten, aber auch Ziel- oder Verteilungskonflickten führen. Durch eine schwache Konfliktbewältigung können Willensbarrieren enstehen. Es kann ein Scheitern der Strategie hervorgerufen werden (Welge, Al-Laham & Eulerich, 2017, S. 829). Die Einführung eines Konfliktmanagements ist für Bodo Müller unabdingbar.

Dieses soll im Umgang mit Konflikten helfen und dazu beitragen deren positive Wirkungen zu nutzen. Aufgaben und Zuständigkeiten sollten im Voraus genau verteilt werden.

Zudem sollten die persönlichen Ziele besprochen werden, um Konflickten im Vorfeld entgegenwirken zu können.

3.2 Umsetzung

Die Umsetzungsphase verfolgt durch sachbezogene Aufgaben einen reibungslosen Ablauf (Welge, Al-Laham & Eulerich, 2017, S. 827). Auch diese Phase unterschiedet drei Maßnahmen (Bamberger & Wrona, 2012, S. 476):

1. Transformation

Hier geht es um die Festlegung der Maßnahmen. Zudem sollen strategische Pläne beziehungsweise Entscheidungen in Aktionen überführt werden. Gemeinsam (mit Marketing VPs) sollte ein Metaplan besprochen und erstellt werden.

Dieser soll die Verantwortlichkeiten sowie den Anfangs- und Endzeitpunkt der definierten Ziele, nach Inhalt, Außmaß, Zeit, vorgeben. Die Aktionspläne sind im Metaplan chronologisch geordnet. Deren Priorität spielt in der Anordnung ebenfalls eine Rolle. Durch die Festlegung der Endzeitpunkte und Verantwortlichkeiten kann eine ordnungsgemäße Ausführung der Strategieimplementierung gewährleistet werden. Es ist wichtig die Aktionspläne mit Reservezeit zu planen. So kann bei der Umsetzung, trotz mangelnder Zeit für einzelne Schritte, der festgelegte Endzeitpunkt immer eingehalten werden. Zudem ist eine gleichmäßige Verteilung der Verantwortlichkeiten auf alle Marketing VPs wichtig. So können die geplanten Schritte optimal umgesetzt werden.

2. Anpassung

Anpassungen der Erfolgsfaktoren (Managmentsysteme, Organisationsstruktur, Personal und Führungskräfte sowie Unternehmenskultur) müssen in Anbetracht der neuen Strategie vorgenommen werden. Die Gesundheits- und Medizintechnik AG ist als Matrixorganisation aufgebaut. Sie besteht aus sieben unabhängigen Unternternehmenseinheiten, wobei jede Einheit über ein eigenes Marketing-Team verfügt. Das C-Level Marketing umfasst alle Produktlinien gemeinsam. Aus diesem Grund ist eine Anpassung der Organisationsstruktur notwendig. Durch ein Zusammenführen der einzelnen Produktlinien aller Marketing-Teams könnte die Abteilung über sehr viel Wissen verfügen. Des Weiteren gilt es auch die Prozesse innerhalb des Unternehmens anzupassen. Für Kunden sollen in Zukunft effizientere und ganzheitlichere Lösungen angeboten werden. Deshalb ist eine

Prozessanpassung nötig, welche die Ausrichtung auf ganzheitliche Produkte berücksichtigt, die Herstellungskosten für das Unternehmen senkt und eine attraktive Preispolitik für Abnehmer mit sich bringt. Dies wäre beispielsweise durch einen Einsatz günstigerer Ressourcen oder modernerer Produktionsmaschinen möglich.

Im Verlauf einer Strategieimplementierung gilt es, die Unternehmenskultur zu analysieren (Ist-Soll Analyse). Die Ist-Kultur soll auf die sich ergebenden Soll-Kultur abstimmt werden (Welge, Al-Laham & Eulerich, 2017, S. 820). In Bodo Müllers Fall kann die Eigentümerstruktur beibehalten werden, somit ist keine Anpassung für die Unternehmenskultur vorzunehmen. Es werden fünf Grundsätze verfolgt, die für diese neue Strategie eine wichtige Rolle spielen. Hierbei sollen beispielsweise die Führungskräfte dafür sorgen, dass die zur Verfügung stehenden Materialien/Ressourcen nachhaltig eingesetzt werden können. Auch für die Kunden ist ein nachhaltiger Ressourceneinsatz interessant, da dieser effiziente Lösungen mit sich bringt und somit für die neue Strategie relevant ist. Einen weiterer Vorteil stellt weiterhin ein gesteigerter Anteil der Mitarbeiteraktionäre dar, da dies die Motivation und die Identifikation der Mitarbeiter erhöht.

Des Weiteren soll das Managementsystem an die neue Strategie angepasst werden. Die Informations-, Kommunikations- und Kontrollsysteme sollen verlässliche und klare Informationen über die Fortschritte der Strategieimplementierung aus allen Teilbereichen erheben können (Welge, Al-Laham & Eulerich, 2017, S. 823). In circa 15-minütigen „Status-Meetings", die alle 14 Tage einberufen werden könnten, hätten Führungskräfte die Mögichkeit den neuesten Stand zu erfahren. Die schriftliche Dokumentation des Meetings und der angesprochenen Punkte könnte beispielsweise über das Intranet für alle zugänglich gemacht werden. Zusätzlich gilt es, im Zuge einer Anpassung der Managementsysteme, Anreiz- sowie Motivationssysteme zu schaffen. Dies wäre über materielle (beispielsweise Prämien, Dienstwagen) oder immaterielle Anzeize (beispielsweise Arbeitsinhalt, Beförderung) möglich. Immaterielle Anzeize sind für Führungskräfte von hoher Relevanz (Welge, Al-Laham & Eulerich, 2017, S. 823).

Auch der Erfolgsfaktor Führungskräfte und Personal soll im Rahmen einer Strategieimplementierung angepasst werden. Der notwendige Personalbedarf soll in qualitativer und quantitativer Hinsicht ermittelt und dem Ist-Bestand gegenübergestellt werden. Durch beispielsweise Weiterbildungs- und Schulungsmöglichkeiten oder durch das Einstellen neuer Mitarbeiter können mögliche Qualifikationsdefizite beseitigt werden. Selbes gilt für Führungskräfte. Ohne entsprechende Qualifikation kann die Strategieimplementierung schon zu Beginn scheitern (Welge, Al-Laham & Eulerich, 2017, S. 825).

3. Motivierung und Mobilisierung der Mitarbeiter

Wie eingangs erwähnt, tragen Mitarbeiter einen Großteil zur Umsetzung der Stratgie bei. Während der Umsetzungsphase kann es allerdings zu unbefriedigenden Ergebnissen, Verzögerungen, Widerständen, Konflikten oder unerwarteten Problemen kommen, was wiederum die Motivation des gesamten Teams sinken lassen kann. Mithilfe geeigneter Kommunikationsinstrumente kann dem entgegengewirkt werden. Auch hier könnten Status-Meetings abgehalten werden und Ergebnisse im Intranet für alle zugänglich gemacht werden. Darüber hinaus sollten einmal monatlich Gespräche mit den Mitarbeitern gehalten werden, in welchem Ideen und Anregungen hervorgebracht werden können. Dies soll wiederum Anreiz für die weitere Beteiligung und Umsetzung der Strategie bieten. Zudem sollen auch Teilziele (erreicht oder bald erreicht) erwähnt werden. Sobald diese erreicht sind können Aktienanteile an die Betroffenenn übertragen werden, um diese am Erfolg zu beteiligen und zeitglich deren Motivation und Identifikation erhöhen.

4   Balanced Scorecard

Durch die Betrachtung aus unterschiedlichen Perspektiven soll die Balanced Scorecard Defizite der Zielvorgabe und der Strategiebewertung vermeiden. Die Unternehmensziele sollen hierfür aus der Prozess-, Lern- und Entwicklungs-, Finanz- und Kundenperspektive entwickelt werden (Hungenberg, 2014, S. 309). Dargestellt werden diese in der Ursache-Wirkungskette. Nachfolgend wird diese für die Gesundheits- und Medizintechnik AG veranschaulicht, welche die Kommunikationsperspektive miteinbezieht.

4.1 Ursache-Wirkungskette

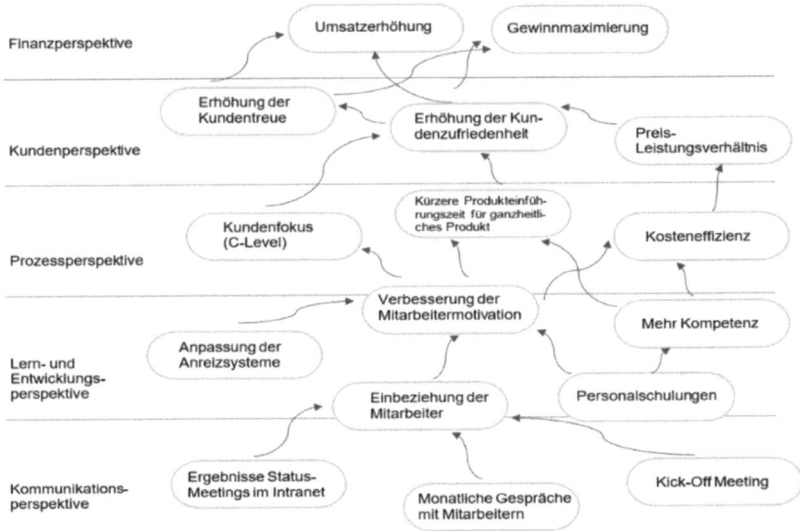

Abb. 1: Ursache- Wirkungskette für die Gesundheits- und Medizintechnik AG (eigene Darstellung)

4.2 Festlegung Ziele, Kennzahlen, Vorgaben und Maßnahmen

Während einer Strategieimplementierung hängt das Potenzial ihrer strategischen Kontrolle von Informationen des sogenannten operativen Controllings ab. Die Balanced Scorecard definiert Messgrößen und Zielwerte. Diese dienen im operativen Controlling als Kontrolle (Welge, Al-Laham & Eulerich, 2017, S. 978-979).

Tab. 2: Festlegung der Ziele, Kennzahlen, Vorgaben und Maßnahmen (eigene Darstellung)

Perspektiven	Ziel	Kennzahlen/ Messgrößen	Vorgaben/ Zielwerte	Maßnahmen
Finanzperspektive	Erhöhung des Umsatzes	Gesamtumsatz des vernagenen Jahres	+8 % zum Vorjahr	Vorantreiben der Umsatzerhöhung durch neue Strategie (Ausrichtung auf Bedüfnisse des C-Levels), große Wahrscheinlichkeit, dass Bestandskunden weiterhin treu bleiben, durch Neuausrichtung schneller Neukunden generieren (da Wettbewerbsvorteil).

Kundenper-spektive	Erhöhung der Kundenzu-friedenheit	Kundenbefra-gungswerte	Index-werte von 180	Messung und Steigerung der Kundenzufriedenheit durch regelmäßig durchgeführte Befragungen, zu-sätzlich soll das hohe Niveau gehalten werden; weitere Kundenbefragung vor Einführung des ganzheitlichen (neuen) Produktes soll als Refe-renzwert dienen, anschließend vierteljährlich Durchführung mit dem Ziel die Kundenzufrieden-heit um mindestens 80% zu steigern (Vergleichs-wert: Referenzwert).
Prozesssper-spektive	Senkung der Herstel-lungskosten	Materialeinsatz pro Produkt	-15%	Investition in effizientere Maschinen (weiterhin hohe Produktqualität und Dekung der Herstel-lungskosten möglich, da mehr Produkte mit gleich-bleibender Materialmenge, angefertigt werden: ressourcenschohnende Verwendung, effektive Senkung der Herstellungskosten.
Lern- und Ent-wicklungsper-spektive	Regelmä-ßige Personal-schulungen durchführen	Weiterbil-dungstage	10 Arbeits-tage für Weiterbil-dungs-maßnah-men	Schnelle Anpassung an Prozesse durch regelmä-ßige Personalschulungen (Entgegenwirken: Fä-higkeits- oder Wissensdefizite); Verbesserung des Arbeitstempos sowie dessen Qualität, dadurch steigende Mitarbeitermotivation; gewünschte Wei-terbildungsmaßnahen können innerhalb der 10 gestellten Tage im Jahr genutzt werden (Anmel-dung durch Führungskräfte, für Führungskräfte wiederum durch Geschäftsleitung), die zutreffen-den Individual- und Unternehmensziele müssen bei Anmeldung berücksichtigt werden
Kommunikati-ons-perspektive	Transpa-tente sowie konstruktive Kommunika-tion im ge-samten Un-ternehmen	Mitarbeiteran-zahl	25 Mitar-beiter aus allen Hie-rarchie-ebenen (gleichmä-ßig)	Transparente und konstruktive Kommunikation unerlässlich, soll Widerständen und Konflikten ent-gegenwirken und vorbeugen, Ängste abbauen; hierfür regelmäßige Meetings (ein Mal monatlich) mit mindestens 25 Mitarbeitern, aus allen Hierar-chiebenen; Teilnehmer sollen von den Mitarbei-tern gewählt werden, dadurch Gewährleistung der Einbeziehung der gesammelten Anregungen und Ideen; In den Gesprächen sollen die aktuellen Fort-schritte und bereits (oder bald) erreichte Teilziele angesprochen werden sowie gesammelte Anre-gungen und Ideen (aus jeder Ebene); Resultate anschließend als Videoformat (durch Geschäfts-leitung) im Intranet veröffentlichen

17

5   Unternehmensethik

5.1 Praxisbeispiel

Zu einem der führenden Automobilhersteller weltweit zählt der Volkswagen (VW) Konzern. Dieser gliedert sich in Automobilien- und Finanzdienstleistungen. Zudem ist dieser der größte Autohersteller Europas (VW, 2021a).

Der Abgasskandal begann im September 2015. Die US-amerikanische Umweltschultzbehörde, die Enviromental Protection Agency (EPA) warf VW vor, den Clean Air Act bewusst verletzt zu haben. Es handelt sich hierbei um das US-Bundesgesetz zur Luftreinigung. In einer Mittteilung berichtete die EPA über einen Rechtsverstoß. Von 2009 bis 2015 soll VW während behördlichen Abmessungen betrogen haben. Im realen Fahrbetrieb sollen die Testergebnisse der Stickoxid-Emissionen in Bezug auf bestimmte Dieselaggregate nahezu um das Vierzigfache zu hoch gewesen sein. Der ehemalige VW-Vorstand, Martin Winterkorn, hat die Manipulation zugegeben. In die Fahrzeuge wurde eine Manipulationssoftware eingebaut, welche bei Abgastests das Einhalten der US-Emissionswerte für Stickoxide ermöglichte. Im Alltagsbetrieb wurden allerdings Stickoxide über den Grenzwert hinaus ausgestoßen. Davon waren weltweit über elf Millionen Diselfahrzeuge betroffen. Später wurde bekannt, dass im Jahr 2005/2006 die Entscheidung zum Einbau der Manipulationssoftware getroffen wurde. Die Genehmigung für dieses Vorhaben soll aus einem Motorenenwicklungszentrum, dem der VW-Zentrale, aus Wolfsburg gekommen sein (MeinAuto.de, 2015). Das Forschungsinstitut International Council on Clean Transport (ICCT) und die Universität West Virginia stellen bereits 2014 in einer Studie erhöhte Emissionswerte einiger VW-Modelle (in den USA) fest. Dem Konzern wäre dies im Jahr 2014 (Mai) bekannt gewesen. Die Manipulationsvorwürfe hatte VW der EPA bereits Anfang September bestätigt. Diese wurden der Öffentlichkeit allerding verschiegen.

Erst als die EPA Anschuldigungen bekannt machte, bezog Matrin Winterkorn Stellung und trat kurz darauf zurück. Zudem stellte die EPA im November 2015 fest, dass drei-Liter-Motoren ebenfalls, von der Manipulation mit der selben Software betroffen waren. VW gab einen Tag später bekannt, dass Unregelmäßigkeiten der CO2-Werte bemerkt wurden und davon weltweit über 800.000 Fahrzeuge betroffen sein könnten.

VW räumte einige Tage darauf ein, Fahrzeuge und Testabläufe für bessere CO2-Werte manipuliert zu haben. Ein VW-Ingeneur sagte im September 2016, dass schon im Jahr 2006 an der besagten Manipulationssoftware gearbeitet wurde. Zudem verschwanden Beweismittel wie beispielsweise E-Mails und Handys von Führungskräften. Der Automobilkonzern bekam im Januar 2018 erneute mediale Aufmerksamkeit. Dieser soll Affen in den USA bewusst Dieselabgasen ausgesetzt haben und wollte auf diesem Wege beweisen, dass die Schadstoffbelastung abgenommen hätte. Im Juli 2018 bewiesen interne Dokumente, dass hochrangige VW-Mitarbeiter frühzeitig die Folgen dieser manipulierten Abgaswerte kannten (NDR, 2020).

5.2 Unternehmenswerte

Der Volkswagenkonzern bezieht sich auf sieben Grundsätze. Diese stellen das Wertefundament sowie die Grundlagen ihrer Unternehmenskultur dar (VW, 2021b).

Tab. 3: Unternehmenswerte des VW-Konzerns (VW, 2021b)

Verant-wortung	Wir sind Teil der Gesellschaft. Wir übernehmen soziale Verantwortung. Wir achten auf die Umweltverträglichkeit unserer Produkte und Prozesse und verbessern sie. Jeden Tag.
Aufrichtig-keit	Wir tun das Richtige aus innerer Überzeugung. Auch wenn keiner hinsieht. Wir haben keine Angst vor Hierarchien und sagen offen unsere Meinung. Wir hören einander zu und finden gemeinsam die beste Lösung.
Mut	Wir sind mutig. Innovativ. Erfinder. Macher. Wir lassen los und denken neu. Wir gestalten die Mobilität von morgen.
Vielfalt	Wir sind bunt. Unterschiedlich. Einzigartig. Teil des Ganzen. Wir sind offen. Für andere Denkweisen. Für neue Erfahrungen und Lösungen. Wir begegnen uns mit Respekt. Auf Augenhöhe.
Stolz	Wir stehen für nachhaltige Produkte und Qualität. Wir leisten einen wirklichen Beitrag zum Unternehmenserfolg. Mit Leidenschaft. Aus Überzeugung. Wirkungsvoll. Wir sind stolz auf das, was wir tun und wie wir es tun.
Zusam-menhalt	Wir arbeiten zusammen. Vorbehaltlos und unkompliziert. Weltweit. Wir sind Brückenbauer. Keine Schrankenwärter. Gemeinsam unschlagbar. Wir stehen füreinander ein. Wir sind ein Team.
Zuverläs-sigketi	Auf uns kann man sich verlassen. Wir tun was wir sagen. Und sagen was wir tun. Aufrichtig. Ehrlich. Was wir versprechen, halten wir. Wir gewinnen verlorenes Vertrauen zurück (VW, 2021b).

5.3 Wertebruch

Mit dem Abgasskandal kam es zu einem Verstoß der selbst aufgestellten Werte. Der erste Grundsatz des Konzerns lautet „Verantwortung". Dieser Punkt bezieht sich in erster Linie auf die Auswirkung der Tätigkeiten. Dieser bezieht sich auf die Auswirkung der Tätigkeiten hinsichtlich der Umwelt und Gesellschaft (soziale Verantwortung). Im Rahmen des Grundsatzes achtet VW außerdem auf die Umweltverträglichkeit der Produkte und ihrer Prozesse.

Bei dem Abgasskandal hat VW allerdings werder auf Umweltverträglichkeiten geachtet, noch soziale Verantwortung übernommen. Damit die Fahrzeuge nicht die festgelegten Grenzwerte überschreiten, manipulierte der Konzern Stickoxid und CO_2-Werte. Negative Auswirkungen auf die Umwelt und auf die Gesellschaft von VW wurden in Kauf genommen. Des Weiteren wurden Beweismittel zurückgehalten und Manipulationen verschwiegen. Demnach wurden die Kunden bewusst hintergangen. Verantwortung für diverse Handlungen wurde von VW nicht übernommen.

Auch gegen den zweiten Grundwert „Aufrichtigkeit" hat das Unternehmen verstoßen. Die Außenwirkung des Konzerns wäre positiver gewesen, hätte er öffentlich zur Aufklärung des Skandals beigetragen. Allerdings sind die Manipulationen noch vor ihrer Aufdeckung bekannt gewesen und verschwiegen worden. Trotz der Ankündigung einer umfassenden Aufklärung der Ereignisse (NDR, 2020) wurden interne Dokumente zurückgehalten. Die Aufklärungsarbeit wurde behindert. Insgesamt kann sich dieses Verhalten nicht im Punkt „Aufrichtigkeit" einordnen lassen.

Des Weiteren verstieß der Konzern gegen seinen letzten Grundwert „Zuverlässigkeit". Versprochen wurde eine schnelle und schonungslose sowie gründliche und transparente Aufklärung. Allerding wurden interne Dokumente bewusst zurückgehalten. Dieser Zug ist weder transparent noch schonungslos gewesen. Zudem wurden in den darauffolgenden Jahren immer wieder Enthüllungen bekanntgegeben. Dies spricht abermals gegen eine schnelle Aufklärung. Insgesamt entsprachen die Handlungen des Konzerns nicht dessen Worten .

5.4 Konsequenzen

Sowohl interne als auch externe Stakeholder sind aufgrund des Abgasskandals von Konsequenzen betroffen. Unter Stakeholdern werden die jenigen Anspruchsgruppen des Unternehmens verstanden, die das Unternehmen aktiv beeinflussen können, aber auch durch das unternehmerische Handeln und die Zielereichung selbst beeinflusst werden (Eberhardt, 1998, S. 146). Unterschieden wird hierbei in externe (beispielsweise Lieferanten und Kunden) und interne (beispielsweise Management und Mitarbeiter) Anspruchsgruppen.

Zunächst hieß es, dass keine Stellen abgebaut werden würden. Allerdings sind die Mitarbeiter stark von dem Skandal betroffen gewesen. Aufgrund des Abgasskandals ging die Nachfrage stark zurück. Einige Werke hatten zeitweise verlängerte Werksferien. Zudem wurden zahlreiche Mitarbeiter gekündiigt. Es drohte an sechs deutschen VW-Standorten die Kurzarbeit. Aufgrund der Auftragseinbrüche wurde in Emden eine Vier-Tage-Woche eingeführt (Oktober bis Fertigungsstopp) (NDR, 2020). Des Weiteren musste sich das Management verantworten.

Die Manager erfuhren einen Vertrauensverust. Einige Posten wurden ausgetauscht oder die Betroffenen traten zurück. Einige mussten sich vor Gericht verantworten (NDR, 2020).

Die Auswirkungen des Abgasskandals mussten auch die externen Stakeholder tragen. Die Kunden (elf Millionen) mussten sich darüber informieren, ob in ihrem Fahrzeug die Software eingebaut war. Vorschläge, zur Fahrzeugumrüstung von Seitens des VW-Konzerns wurden im November genehmigt. Bis zur Rückrufaktion verging dennoch eine geraume Zeit. Grund hierfür ist die technische Umsetzung gewesen. Die Kunden mussten sich in Geduld üben. Entweder würde ihr Fahrzeug umgerüstet oder zurückgekauft werden. Aus diesem Grund haben viele Kunden Klage eingereicht. Sie forderten Schadensersatzansprüche. Die Klärung dieser nahm ebenfalls viel Zeit in Anspruch (NDR, 2020).

Lieferanten sind ebenfalls von dem Skandal betroffen gewesen. Die Bestellungen gingen zurück. Die Zulieferer mussten ebenfalls mit Umsatzeinbußen rechnen. Die Reputation dieser könnte ebenfalls nachhaltig geschädigt sein. Es könnte ein vertrauensverlust von Seiten der Kunden herrschen.

6 Literaturverzeichnis

Bamberger, I. & Wrona, T. (2012). *Strategische Unternehmensführung. Strategien, Systeme, Prozesse (2.Auflage).* München: Vahlen.

Eberhard, S. (1998). *Werteorientierte Unternehmensführung. Der modifizierte Stakeholder-Value-Ansatz.* Wiesbaden: Springer Gabler.

Hungenberg, H. (2014). *StrategischesManagementin Unternehmen. Ziele - Prozesse - Verfahren* (8., aktualisierte Auflage). Wiesbaden: Springer Gabler.

Kotter, J.P. (2007). Leading Change. Why transformation efforts fail. *Harvard Business Review,* (Januar-Februar), 1-10.

Lauer, T. (2019). *Change Management. Grundlagen und Erfolgsfaktoren* (3., vollständig überarbeitete und erweiterte Auflage). Berlin: Springer Gabler.

MeinAuto.de (MeinAuto GmbH, Hrsg.). (2015). *VW Abgasskandal - eine Zusammenfassung.* Zugriff am 06.12.2021. Verfügbar unter https://www.meinauto.de/ratgeber/vw-abgasskandal-eine-zusammenfassung

NDR (Norddeutscher Rundfunk, Hrsg.) (2020). *Die VW-Abgas-Affäre: Eine Chronologie.* Zugriff am 06.12.2021. Verfügbar unter https://www.ndr.de/nachrichten/niedersachsen/braunschweig_harz_goettingen/Die-VW-Abgas-Affaere-eine-Chronologie,volkswagen892.html

Reisinger, S., Gattringer, R. & Strehl, F. (2013). *Strategisches Management. Grundlagen für Studium und Praxis.* München: Pearson.

Thompson, A. A. & Strickland, A. J. (1998). *Crafting an implementing strategy. Text and readings* (10. Auflage). Boston: Irwin & McGraw-Hill.

VW (Volkswagen AG, Hrsg.). (2021a). *Der Volkswagen Konzern.* Zugriff am 06.12.2021. Verfügbar unter https://www.volkswagenag.com/de/group/portrait-and-production-plants.html

VW (Volkswagen, AG, Hrsg.). (2021b). *Das Wertefundament des Konzerns.* Zugriff am 06.12.2021. Verfügbar unter tttps://www.volkswagen.com/de/group/volkswagen-group-essentials.html

Welge, M. K., Al-Laham, A. & Eulerich, M. (2017). *Strategisches Management. Grundlagen - Prozess - Implementierung* (7., überarbeitete und aktualisierte Auflage). Wiesbaden: Springer Gabler.

7 Abbildungs- und Tabellenverzeichnis

7.1 Abbildungsverzeichnis

7.2 Tabellenverzeichnis

BEI GRIN MACHT SICH IHR WISSEN BEZAHLT

- Wir veröffentlichen Ihre Hausarbeit,
  Bachelor- und Masterarbeit

- Ihr eigenes eBook und Buch -
  weltweit in allen wichtigen Shops

- Verdienen Sie an jedem Verkauf

Jetzt bei www.GRIN.com hochladen und kostenlos publizieren